평림 길옥자 시집

어쩌지

평림 길옥자 시집

어쩌지

발행일 2025년 9월 10일
발행인 김승호
저자 길옥자

발행 도서출판 다선
인쇄기획 도서출판 예솔
등록번호 제2002-000080호(2002.3.21)
주소 서울시 마포구 토정로 222, 한국출판콘텐츠센터422-5호
연락처 010-2493-2232
E-mail gksh0691@hanmail.net

ISBN 978-89-5916-088-4   03810

* 책값은 뒤표지에 표시되어 있습니다.
　본 책의 일부 또는 전체를 예솔의 허락 없이 복사하거나 전재할 수 없습니다.

평림 길옥자 시집

어쩌지

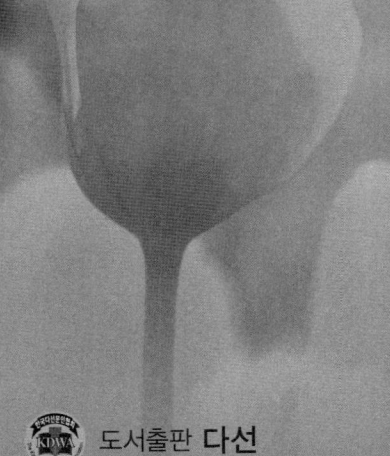

도서출판 다선

머리말

 길가에 구르는 하찮은 돌멩이도 누군가에겐 유용하게 쓰임새가 있을 때가 있다. 그래서 나도 내가 쓴 글이 누군가에겐 질책도 받겠지만, 어떤 독자에게는 희망이 되고 용기를 얻어 가길 바라는 마음도 크다. 마음을 바꾸면 인생도 바뀔 수 있다는 신념 하나가 오늘의 나를 있게 만든 것 같아서다.

 내가 영원히 죽지 않으려면 무엇이 있을까.
 그건 내가 살아 있을 때 내 산물을 세상에 많이 낳는 일이 아닐까?

 이제 처음으로 내가 출간하는 시집이 세상을 향해 두려움 반 설렘 반으로 행진하려 한다.
 늘 부족한 내게 용기를 북돋아 주는 우리 가족들이 고맙고, 내가 시인이 되도록 추천해 주신 중산 조태수 선생님과 (사)한국다선문인협회 김승호 회장님께 감사하다고 꼭 전하고 싶다.

평림 길옥자

축사

(사)한국다선문인협회 창립회장
다선 김승호

인생은 꽃을 피우듯 아름답게 살아내는 것입니다.

오늘 기쁜 소식을 접하고 먼저 감사한 마음으로 삶의 보람을 느낍니다. 한결같은 초심으로 변함없는 노력과 열정으로 꾸준히 자기개발에 쉼 없이 내달리는 모습에 존귀와 존중을 전해준 평림 작가의 첫 시집을 의뢰받았기 때문입니다.

다복한 가정 속에서 아내와 어머니의 역할, 또 자식으로서의 쉼 없는 노력뿐만 아니라 화가로서의 사회생활을 하며, 부군의 일을 돕는 분주한 일상 안에서 문학을 사랑하고 시어에 취하여 습작을 시작한 것이 어느새 10여 년 만에 첫 시집을 상재한다는 소식은 얼마나 가슴 떨리는 일인지를 잘 알기에 축하와 격려를 보냅니다.

만물이 무르익고 높은 하늘과 말이 살찌는 계절, 수확의 계절 가을날의 소식으로는 최고의 소식이 아닌가 싶습니다.

참으로 수고하셨습니다.
진심으로 축하드립니다.
더욱더 정진과 평안 그리고 건강과 행복을 빕니다.

이제 첫 시집을 시작으로 더욱 향필하시기를 빌며 두서 없는 축사를 갈음합니다.

다선 **김승호**

(사)한국다선예술인협회 총회장
교육학박사
시인, 수필가, 평론가, 언론인
2023대한민국사회발전대상 문학공로 대상 수상
그 외 문학 관련 대상 등 본상 다수 수상

목차

머리말　　　　　　　　　5
축사　　　　　　　　　　6
평림 길옥자 시화 작품　　15

봄아 / 산길을 걸으며 / 내가 좋아하는 꽃 / 가을 / 선물 / 꽃잔디
큰아들 생일 / 소낙비처럼 / 봄 / 남편 생일 / 장미처럼 / 어린이날
혼자 하는 사랑 / 스승님의 말씀 / 제비꽃 / 들꽃 / 내 친구 / 야생화
배움에 있어서 / 봄날의 기억 / 모종 심는 날 / 2월의 마지막 날
아들에게 / 세상의 중심은 나 / 꿈은 늙지 않는다 / 한 사람

1부 - 세월의 이야기

그 남자	50
바꾸고 싶지 않은 것	52
아포카토	53
말(1)	54
겨울비	55
커피 사랑	56
춘분(春分)	57
처세	58
항암을 하는 아내의 고백	60

플랫폼에서	62
악플	64
나를 위로하는 글	66
추억의 도시락	68
홍도	70
빈 잔	71
면회	72
부대로 돌아간 아들을 생각하며	74
첫눈	76
말(2)	77
무화과	78
나는 그래요	80
세 권의 책	82
상처	84
요양병원에서	86
아버지 생신	88
나의 기도문	89
짝사랑	90
음악이 있는 공간	92
가슴이 기억하는 그대	94
나만의 사랑법	96

2부 - 바램의 향기

공원에서 만난 꽃 100
목표 101
된장국 102
거리의 은행나무 104
마지막 인사 106
역사는 살아 있다 108
울 엄마 노래 109
연꽃 110
홍콩야자 112
한강 114
그대여 116
유방암 진단 후 118
감사의 조건 120
시절 인연 121
어버이날 122
치과병원에서 124
내 일터 126
금강 수목원에서 128
국수 130
네 글자 131
수련 132

아버지 134
노을 속에 피어나는 꿈 136
세월 137
그대가 있는 세상 138
정월대보름 139
이런 삶 140
나에겐 네가 142
코로나 19 144
코로나 때문에 145

3부 - 인생의 꽃을 피우다

소엽 풍란 148
사람 149
오래된 선풍기 150
너 151
아이에게 일러주는 글 152
단풍나무 154
어쩌지 156
기도 158
졸업사진을 보며 160
커피를 마시는 이유 161

내가 만난 그녀는	162
엄마의 빈자리	164
봄까치꽃	165
버스정류장에서	166
영원한 건 없다	167
네잎클로버	168
엄마의 말씀	169
조각난 인연	170
만인산 자연휴양림	171
친구들을 그리며	172
다짐	174
삶에 있어서	176
대전 추모공원	178
돌아보니	180
세월	182
예쁜 우리 며느리	184
회상	186
새집에서 본 유등천	187
연꽃을 보다가	188
우수(雨水)	189
희망의 메시지	190

평림 길옥자 시화 작품

▼

봄아 / 산길을 걸으며 / 내가 좋아하는 꽃

가을 / 선물 / 꽃잔디

큰아들 생일 / 소낙비처럼 / 봄

남편 생일 / 장미처럼 / 어린이날

혼자 하는 사랑 / 스승님의 말씀 / 제비꽃

들꽃 / 내 친구 / 야생화

배움에 있어서 / 봄날의 기억 / 모종 심는 날

2월의 마지막 날 / 아들에게 / 세상의 중심은 나

꿈은 늙지 않는다 / 한 사람

봄아

봄아
너는 좋겠다
너를 기다리는 사람들이
아주 많아서

봄아
너는 행복하겠다
예쁜 꽃들이
앞다투어 찾아오니까

봄아
너는 기쁘겠다
알몸으로 서 있는 나무에게
옷을 입힐 수 있어서

봄아
너는 사랑받겠다
우리 모두에게 희망을
선물해 주는 계절이니까

산길을 걸으며

매화, 산수유가
들판에 봄을 나르니
나뭇가지에도 새싹들이
졸린 눈을 뜨고 기지개를 켜며
싱그러움으로
새 생명이 가득한 계족산

겨우내 얼었던 계곡도
쌓여온 시간을 녹여
돌 틈 사이로 가재가
금방이라도 기어 나올 듯
잘 닦아 놓은
면경을 들여다보는 듯하다

산새소리를 음악 삼아서
한참을 걷다 보니
이마에 송골송골
땀방울이 구르더니
등에서는 내를 이루듯
젖은 옷이 걸려 있고

이런 나를 유혹하는 건
키 작은 야생화의 미소다
숨을 고르며 신비함을
눈 안 가득 넣는다
일명(一命) 일생(一生)이라
다시는 지금의 널 만날 수 없기에
더없이 소중한 오늘이다

내가 좋아하는 꽃

어느 날
마음의 밭에
씨앗 하나가
살며시 날아왔어요

싹을 틔우고
꽃을 피우더니
시들지도
병들지도 않았지요

그런데
지금에서야 알았어요
그 꽃
내가 가장 좋아하는
당신의 웃음꽃이었음을

가을

나는 꽃
그대는 나비

꽃이 나비와
술래잡기를 합니다

쪽빛 하늘도
가을과 사랑을 낳는
평화로운 들판입니다

선물

보내는 사람은
고르고 골라
정성을 포장하고

받는 사람은
하나씩 고운 마음을
떨림으로 풀고

주는 이도
받는 이도
설레는 마음은 하나다

그래서 선물은
모든 이에게
기쁨 아니면 행복

꽃잔디

출근길
도로 가장자리에
예쁘게 피어난
앉은뱅이 꽃잔디가
말을 걸어온다

시인님 오늘도
당신을 응원합니다
라고, 보랏빛 치마를
바람에 펄럭이는 모습

연신 미소 짓게 하고
아침을 밝게 비추는
응원의 메시지로
나는 에너지를 얻는다

큰아들 생일

봄 햇살 마중하던
여왕의 계절 오월

티 없이 맑고 고운
어여쁜 아이를 만나

엄마라는 임명을
처음으로 맡았지

꼼지락거리는 손
유난히 긴 롱다리

호수처럼 깊고 깊은
너의 검은 눈동자

한쪽 볼에 우물을
파놓은 보조개까지

어찌나 예쁜 천사가
내게로 날아왔던지

엄마에게 와 주어서
고맙고 사랑해 아들

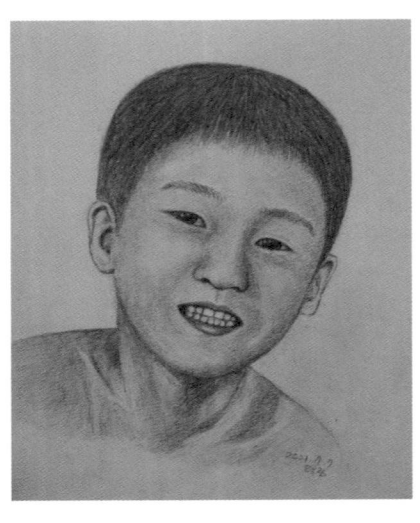

소낙비처럼

어느 날
사랑의 정의가
궁금해 거리를 걸었습니다

그런데 갑자기
하늘에서 소나기가 내렸어요

그때, 알았습니다

사랑도
그렇게 예고 없이
소낙비처럼 찾아온다는 걸

봄

사람들은
봄을
기다리지만

나는
한 번도
기다리지 않았다.

내 마음속에 있는
그대가
봄이니까

남편 생일

하나 둘
꽂아 놓은 초가
나이를 세고 있다

아빠 생신 선물로
작은 아이가
수줍게 내민 케이크다

불을 끄기 전에
소원을 빌라고
내 말에 남편이
두 눈을 꼬옥 감는다

무슨 소원을 빌었을까?

나는 건강하고 착한
내 남편이
내 거라서 고마운데…
소원도 나와 같았으면 좋겠다

장미처럼

마당 한켠에
피어난
네 모습이
눈 안 가득 안겨온다

초록 이파리에
햇살도
별빛 달빛도
내려와 웃고 갔겠지

가을비에
이슬이 뒹굴어도
마지막까지
간직하고 싶은
자존심 그것은
눈부신 아름다움

나도 너처럼
아름답게
시어를 낚으며
작품으로
이야기하는
시인으로 남고 싶다

어린이날

아이야
마음껏 먹고
마음껏 뛰고
마음껏 꿈꾸어라

아이야
더 멀리 더 높이
이상을 가지고
힘껏 비상(飛上)하여라

아이야
이 세상은
바로 네 것이고
네가 주인이니라

혼자 하는 사랑

혹시나 볼까
행여나 만날까
그리움으로 애가 타
기린 모가지로
기다리던 길목

밤이면 개울물에
달님이 목욕하고
풀벌레 소리
사랑 노래로 다가와
내 마음
술렁대던 곳이다

어쩌다 마주친
내 님 모습에
놀란 가슴 아닌 척
물속에
내 마음 떨구었던
그날의 발그레한 설렘

홀로 키워 온
내 사랑은
아직도 징검다리를
걷고 있는데
구름 따라간 내 님
시가 되어 다시 만났다

스승님의 말씀

그림을 그릴 때에는
이야기가 있어야 한다

그림을 그릴 때에는
색이 가벼우면 안 된다

그림을 그릴 때에는
구도를 잘 생각해야 한다

그림을 그릴 때에는
나쁜 생각을 얹지 말아야 한다

귀에 딱지가 앉게
말씀을 하셨던 스승님

못 뵌 지 이제 겨우
한 해가 지났을 뿐인데

이명이 되어 들려오는
스승님의 목소리

꿀 떨어지는 칭찬보다
쓰디쓴 잔소리 한마디가

나를 더 단단하게 성장시키는
사랑이었음을 이제는 안다

제비꽃

안녕?
사랑스러운 들꽃아
만나서 반가워

노랑나비가
제비꽃 군락에
팔랑거리는 날갯짓

너무나 작아서
고개를 숙여야
자세히 볼 수 있는 꽃

나이 들어감에 있어서
너를 대하듯
더 낮추고 살아라
생각 하나를 건져 올린다

들꽃

혼자 피어 있어도
결코 향기 뒤지지 않고

옹기종기 모여 있어도
다정함에 또 사랑스럽네

햇살 내려놓은 꽃그늘
산들바람 지친 숨 고르고

키 작다 편애하지 않는
벌 나비 입맞춤은 덤이네

아무도 없이
함박웃음 잃지 않는 그대

나는 그대의 이름을
들꽃이라고 부른다네

내 친구

이상하지
꽃을 보면은
나빴던 기분까지
저절로 좋아져

웃고 토라져도
사랑스러운 게
너를 닮아 그런가 봐

야생화

양지바른 비탈길에
키 작은 야생화 한 송이
어여삐 피어있네

분홍치마 곱게 입고
수줍은 듯 님을 기다리는
여인의 모습이런가

코끝 만지고 재를 넘기는
봄바람을 따라서
나도 봄과 하나가 되네

배움에 있어서

어떤 이는 나를
시인님이라 부르고
어떤 이는
화백님이라고 부른다

나는 국문학을
전공한 적도 없을뿐더러
그렇다고 미술을
전공한 이력도 없다

단지, 좋아하는
시를 짓고 쓰고
좋아하는 그림을
나 자신에게
선물하고 싶어 그릴 뿐이다

배움에 있어서
졸업장이 어디 있던가
졸업은 또 다른
시작의 연속이고
배움의 끝은 없다 했거늘

나는 나 자신과 약속한
시화의 길을 가고자
삶이란 배움터에서
노력이란 이름표를 달고
충실히 오늘을
그저 걸어갈 뿐이다

봄날의 기억

그해 봄
너와 첫 대면(對面) 후

세상의 모든 것이
신비롭게 보였어

길에서 본 고목(枯木)은
아름답게 꽃을 달았고

맑은 하늘은
사랑비로 가슴 적셨지

너로 가득했던 세상
추억할 수 있어 고마워

모종 심는 날

오늘은 친정집 텃밭에
동생들과 모종 심는 날

고추, 가지, 방울토마토
상추, 대파, 오이를 종묘사에서 사다가
비닐 작업을 끝낸 곳에
구멍을 뚫어 모종을 넣고
물을 뿌려 흙으로 잘 덮어준다

이제 오가는
아버지 발소리를 들으며
사랑을 무한정 받고
무럭무럭 잘 자랄 거라 생각하니
기분까지 좋아진다

마지막으로
복숭아나무와 사과나무를 심었다
치아가 없는 아버지 입가에
미소가 귀에 한참이나 걸렸다

2월의 마지막 날

지붕을 두들기는
빗소리가
옷을 벗어놓은
나뭇가지에 톡톡톡
겨울잠을 깨우고

겨우내
얼었다 녹았다
반복했던 텃밭에도
빗방울이
입맞춤으로
살며시 스민다

땅속에
꿈틀대던 씨앗이
감겨진 눈 부비며
얼굴 쑤욱 내밀 것 같은
2월의 마지막 날

다가올 3월은
그대와 나의 가슴에
희망이란
꽃 한 송이가
곱게 피어났으면

아들에게

오전에 내린 비가
오후 들어 햇살에 사라지고
한층 밝아진 산천이 생기가 돈다

처음의 마음으로
원대한 꿈의 뿌리를 내리고자
희망을 모두 걸었던 너

어쩌다 넣은 발
그건 진흙탕 길이였네
내가 내민 손 잡고 잘 나와보렴

세상사 사람이 하는 일
모두 정도가 아니고
그렇다고 모두 그른 일도 아니네

가다 보면 언젠가 보이겠지
네가 길은 잃어도
처음 가고자 했던 중심만 잃지 마라

그리고 끝까지 포기하지 마
네가 꿈을 향해 걸어간다면
꿈도 너를 향해 두 팔 벌려 반길 거야

세상의 중심은 나

남이 잘되는 것
진심으로 축하해 주고
격려해 주자

나도 닮고 싶어
노력이란 인내를
꺼내 들고 걸어가다 보면
열매 또한 얻을 수 있지 않겠는가

어차피 이 세상의 중심은
내가 주인이고
현실의 주인공일 테니…

꿈은 늙지 않는다

내가 좋아해서
꿈속에서도
그림을 그렸기에
나의 꿈이 생겨나게 되었다

그래서 타인이라면
부족한 모습이 보여도
눈으로 예쁘게 채찍질해 주고
사랑만 해주었으면 좋겠다

그리는 사람은
늘 만족한 게 없었고
고혈(膏血)을 짜내는
시간만 존재하였기에
외로운 싸움이다

그 긴 사투 끝에서
노력한 시간들이 보였을 때
꿈은 늙지 않는다는 걸
스스로 알게 되리라

한 사람

가랑비가 추적추적
사무실 화단 채송화 꽃잎에
내려앉네요

새들도 집에 가고
인적이 없는 주택가 골목엔
삭막하기 그지없습니다

이럴 때 생각나는 한 사람
그 사람은 목소리만 건강한
우리 아버지입니다

치매 때문에 매일 누가 훔쳐갔다
의심병도 하나가 추가가 되어
수십 통씩 전화를 합니다

걱정이 끊어질 날 없지만
그래도 아버지란 단어를
쓸 수 있어서
부를 수 있어서
고맙습니다

난 절대 효녀가 아닙니다
주는 것이 사랑이다
그리 가르쳐 주신 부모님을
닮고 싶을 뿐입니다

1부
세월의 이야기

▼

그 남자 / 바꾸고 싶지 않은 것 / 아포카토
말(1) / 겨울비 / 커피 사랑
춘분(春分) / 처세 / 항암을 하는 아내의 고백
플랫폼에서 / 악플 / 나를 위로하는 글
추억의 도시락 / 홍도 / 빈 잔
면회 / 부대로 돌아간 아들을 생각하며 / 첫눈
말(2) / 무화과 / 나는 그래요
세 권의 책 / 상처 / 요양병원에서
아버지 생신 / 나의 기도문 / 짝사랑
음악이 있는 공간 / 가슴이 기억하는 그대 / 나만의 사랑법

그 남자

시댁에서 만난
내 남자의 맏형

웃으실 때
쪽니가 돌출되어
귀엽게 보이시고

적당한 스킨십이
친정 오빠처럼
기분 좋은 살가움

시부모님이
계시지 않지만
빈자리
느껴지지 않게

정으로 사랑으로
마음의 그릇을
듬뿍 채워 주신다

때로는
강렬한 카리스마가
매혹적이고
인상적인 그 남자를

나는
아주버님이라는
호칭으로 부른다

바꾸고 싶지 않은 것

가전제품을 새것으로
바꾸면 좋고요

다이어트로
살 빠지면 더 좋고요

성형으로 예뻐지면
더할 나위 없이 좋고요

재물이 풍족하면
더더욱 좋겠지요

그러나 세상에서
바꾸고 싶지 않은 하나

그건 바로
사랑하는 그대입니다

아포카토

점심 식사 후
디저트를 먹기 위해
커피숍을 찾았다

수많은 종류가
메뉴판에서 유혹하지만
나는 단연코
아포카토를 주문한다

아이스크림에 에스프레소를
살짝 붓기만 하면
쌉싸래함과 달콤함이
입안에서 살짝 안아주는 맛

좋아하는 사람과 함께 먹으면
그 풍미가 한껏 증폭되고
나는 부드러움과
달달함에 쏘옥 빠져든다
마치 그대처럼

말(1)

몰라서
바보라서
생각이 없어서
가만히 있는 게 절대 아니다

지금 내가 뱉은
말 한마디의 위력이
훗날 어떤 책임으로
되돌아올지 모르기에
조금 아껴두는 것뿐이다

겨울비

겨울비가 내려
가방에서
우산을 꺼냈어요

똑똑똑
우산을 마구
두들기는 소리

어느새
그대가 나를
따라오고 있었네요

커피 사랑

습관적으로
나는
커피를 마셔

그런데
오늘은 너무나
싱거운 거야

그래서
그대 생각을
한 스푼 넣었더니
달콤해졌어

춘분(春分)

오늘은
낮과 밤의 길이가
똑같은 날

당신을 향한
내 사랑은
내일부터
더 길어질 거예요

처세

남녀를 불문하고
누구나 존중받고 싶어 하고
인정받고 싶어 하는 건 당연하다

나보다 직책이 높다 하여
무조건 하대를 하고
대우만 받으려 하는 사람을 보면
나보다 연배가 많아도 불쾌하고 화가 난다

자신의 가치를 인격을 갖추는 건
타인이 아닌 스스로가 만들어야 하고
다른 사람을 존중할 때 내 가치도 올라가며
말과 행동은 언제나 일치해야 한다

아름다운 꽃이 향기로 사람을 부르고
좋은 음악은 감성을 자극하여 흥얼거리게 하고
나무가 시원한 그늘을 만들어 사람을 부르듯

나이테가 늘어날수록 더 낮추고
겸손해야 하며, 말을 적게 하고
칭찬에 인색하지 말아야 하며
내가 조금은 손해 본 듯이 살아간다면
적어도 구설수에 오를 일은 없을 것이다

항암을 하는 아내의 고백

지금 당신이 맛있게 드시는 음식
나 몇 번이나 해줄 수 있을까요

당신과 손잡고 이야기하며
등산은 언제 즈음 또 갈 수 있을까요

귀 밑에 하얗게 내려앉은 서리
염색해 줄 날 몇 번이나 있을까요

술 많이 마시지 말아라
당신 뱃살도 좀 줄여라
잔소리할 그날이 또 올까요

늦은 귀가시간 소파에서
새우잠을 자며 기다려 주시던
당신의 핀잔은 다시 들을 수 있을까요

일하다가 울컥 내려앉은 가슴팍을
애써 쓰다듬을 당신 생각에
내가 더 미안해져요

당신과 함께 걸어왔던 인생길에서
입술로 뱉지 못한 단어를
오늘에서야 고백합니다

여보 하늘만큼 땅만큼 사랑해요

플랫폼에서

작은 배낭에
물, 복숭아를 넣고
대전역으로 나와
서울 가는 플랫폼에
기차를 기다리고 있다

비록 좋은 곳을
여행하는 건 아니지만
일상을 탈출한다는 데
의미를 부여하고 싶다

철로에 마중 나온
햇살 한번 바라보고
가족들과
소풍 나온 비둘기와
눈인사를 하며
소소한 여유를 만끽한다

이렇게 자아를 찾아
막힌 시심 뚫고
낯선 이방인들에
삶의 표정을 읽으며
가둬 두었던 나를 찾는 일
뭐가 그리 힘들었을까

내 인생 전반전 앞만 보고
무작정 달리기만 했다면
남은 후반전은 좌우도 살피면서
누군가 밟은 풀꽃도
일으켜 세워줄 줄 아는
넉넉함으로 걸어가고 싶다

악플

아팠습니다
송곳에
찔리지도 않았는데

슬펐습니다
눈에서
눈물이 나지 않아도

따가웠습니다
종이에
베인 것도 아니었는데

무서웠습니다
번개를 천둥을 벼락을
맞은 것도 아니었는데

무심코
당신이 쓴 댓글 한 줄

이젠 제발
멈추어 주세요

당신의 사랑만이
나를 살릴 수 있습니다

나를 위로하는 글

살랑살랑 실바람 타고
가벼워진 발걸음은
구름 위를 걷는 듯하네

풀잎 위에는
오전에 내린 빗방울이
유리구슬을 낳아 놓고

건드리면 금세라도
날개를 활짝 펼치며
부채질할 예쁜 주황 나비

풀잎에 받아 놓은
맑은 물로 목을 적시는
너의 자유가 마냥 부럽구나

너처럼 힘들면 쉬어가고
허공 한번 쳐다보며
돌아갈 수 있었던 길

무엇이, 누가 쫓아온다고
제 몸 아픈 줄 모르고
달리기만 했는지
빨간 신호등이 켜졌구나

미안해
많이 힘들었지?
그리고 많이 아팠지?
토닥토닥
이젠 천천히
쉬엄쉬엄 가자꾸나 인생아

추억의 도시락

엄마의 자명종 소리가
무거운 눈꺼풀을 올리고
마당 한편을 차지한 항아리는
밤새 하얀 모자를 뒤집어쓴 채
시린 손 입김으로 호호 불며
소녀는 등굣길에 나섭니다

목재 복도를 지나
교실로 들어서면 중앙에
큰 키를 자랑하던 연통은
창문 밖으로 쫓겨나고
융숭한 대접을 받고 있는
덩치 큰 난로는
똘똘한 눈망울을 기다리며
행복에 겨웠습니다

엄마의 정성이 들어간
노란 양은 도시락이
하나 둘 난로 위에 탑이 생기고
두 시간이 지날 때 즈음
밥 타는 냄새로 교실 안은
비상사태가 일어납니다

친구들과의 행복한 점심시간
함께 먹자던 목소리를 뒤로하고
수돗물로 굶주린 배를
채웠던 기억은, 세월이 흘러도
나이를 먹지 않나 봅니다

홍도

서해남부해상의 끝자락을
가르고 달려서 찾아간 홍도
섬의 면적은 6. 47km이고
마을은 두 개의 구가 있다

개미의 모양을 닮았으며
석양이 시작될 때
섬이 온통 붉게 보인다고 해서
붙여진 이름이 홍도이다

마을은 23가구가 있으며
538명의 인구가 거주하고
33가지의 기암괴석으로
이루어진 아름다운 섬이다

빈 잔

수많은
사람들이
너를 탐닉할 때
얼마나 참았느냐

입술로
혀 안으로
방망이질하는
가슴을 주었을 너

풍덩 담겨있는
님의 모습을
오늘은
몇이나 보냈을꼬

면회

세종특별자치시
3군 보병사단에 있는
부대에 나는
아들을 만나기 위해
면회를 갔습니다

그곳은
군수물품을 담당하는 곳
아들 또래들이
지내는 생활관을 돌아보고
독서를 하며
차를 마시는 공간도
좋은 인상을 주었습니다

휴가 나올 때
아이가 사다 주었던
달팽이 크림도
PX에 줄을 서서
물품을 시중가보다
저렴하게 구입도 했습니다

부대 개방을 위해
준비한 공연을 구경하고
식사를 하며
동기들과 잘 지내고 있으니
걱정하지 말라고 쫑알댑니다

돌아올 때
아이가 말합니다
"엄마가 내 엄마라서 너무 좋아요"
힘내라고 위로를 하러 갔다가
반대로 감동을 선물받고 왔습니다

부대로 돌아간 아들을 생각하며

덩그러니 놓인
너의 냄새가
방 안에 소복하다

주인과 이별한
손목시계와 옷가지
새로 구입한 운동화가
애잔한 모습으로
또 기다려야 하기에
꼼짝을 할 수 없다

나라를 지키러 간
네가 벌써 그리워
체취가 묻어 있는
이불에 코를 묻고
사진을 들여다본다

다시 또 만날 때까지
견우와 직녀가 되어
사랑의 징검다리를
가슴속에 놓는 나
짝사랑은 언제나 슬프다

첫눈

하늘에서
내려오는 그대가

너무나 궁금해
손등을
살며시 대보았어요

수줍은 듯
이내 스며드는
그대를 보니

가슴이
마구 뛰었습니다

나,
그대를
기다리고 있었나 봅니다

말(2)

대화를 하다 보면
생각과 다르게 튀어나간 말로
본의 아니게
상대에게 실수를 한다거나
상처를 주기도 한다
그리고 뒤늦은 후회와 절망
누구나 한 번쯤 경험한 적
있었을 것이다

그래서 활시위에 떠나간
화살처럼, 한번 뱉은 말을
주워 담을 수 없기에
그에 따른 책임과 의무는
온전히 내 몫이 되어 돌아온다
칭찬에 다리가 달렸다면
험담에는 날개가 달려있다는
속담처럼 혀를 다스리는 일,
신중히 하여 나의 가치와 인격을
스스로 만들어 가야 하리라

무화과

겉옷은 보드라운
극세사 같고
속살은
와인빛 네 모습

입안에 쏘옥 넣자
달콤하고 부드러운 식감이
순식간에 혀 안을 감는다

어찌 꽃을 달지 않고
열매만 달았나
너의 사연이 궁금했다

정작 알고 보니
꽃은 과실 속에서
예쁘게 피어나 있었다
누가 너를 꽃이 없다
무화과라 칭했나?

너를 모르는 이에게
당당히 나는 말해 주련다
반쪽을 갈라보라
무화과는 꽃이 있노라

나는 그래요

다른 사람보다 키가 작아서
만족을 못 하는 나
부모님의 유전자에
원망한 적 없으셨나요?
키가 큰 사람보다
땅에 떨어진 물건을
더 가까이 볼 수 있고
빨리 잡을 수 있어서 좋았어요
나는 그래요

다른 사람보다 못생겨서
자괴감으로
나를 괴롭힌 적 없으셨나요?
예쁜 꽃도 반드시 시들 때 옵니다
내면을 곱게 지금부터 가꾸어 보세요
늙지도 시들지도 병들지도 않아요
나는 그래요

다른 사람보다 하찮고 바보 같아서
나 자신을 괴롭힌 적 없으셨나요?

축 처진 화초에 물을 부어 보세요
다음 날 싱싱하고 생기 있는 모습으로
나를 보고 웃고 있을 테니까요
누군가에게 나도 필요한 존재입니다
나는 그래요

사사건건 내가 하는 말에 토를 달고
무시하는 친구 때문에 괴로운 적
혹시 없으셨나요?
정말 내가 못났다면 대꾸도 않을 거네요
그럴 땐 대응하지 마세요
나는 그래요

나보다 소중한 건 없습니다
나를 사랑으로 안아주고 토닥여 주세요
자신을 사랑하는 사람은
가족도 친구도 이웃에게도
사랑을 줄 줄 알고 세상을 아름답게
따뜻하게 바라보는 사람일 테니까요
나는 그래요

세 권의 책

하얀 종이 위에
그림을 그리고 지우고
또 그려 봅니다

조금은 서툴고 삐툴고
일그러진 모습이지만
누구나 처음은 있는 것

내 삶도 그렇게
지우고 그리다 보면
어느새 예쁘게
완성된 모습이 되겠지요

오늘이 모여서
과거가 있고
미래가 생겨나듯
우리는 현재를
소중히 꺼내 써야 합니다

그래야
과거, 현재, 미래라는
3권의 책을 만들 수 있으니까요
나는 믿습니다
지금의 내 생각이 옳다고…

상처

앞뒤 생각도 없이
말하는 친구 때문에
내 마음이 상처가 났다

생각할수록 너무나
화가 올라와서
견딜 수가 없었다

집으로
돌아오는 길에서
우연히 만난
코스모스 두 송이

나를 보고
자꾸만 웃으라고 한다
웃고 있는 꽃잎 한 장에
뜯겨져 있는 상처가 보인다

"너도 많이 아팠겠구나…"

참자 참자
어느 틈에
인내심이 찾아와
상처에 약을 바르고 있었다

요양병원에서

병원 한쪽 침대에
외롭게 누워계신
아버지를 만나기 위해
휴일 아침
동생과 함께 찾아갔다

앙상하게 뼈만
남아 있는
노구의 모습이
마치 송곳에 찔린 것처럼
아려오는 게
내가 죄인처럼 느껴졌다

저 손으로
나를 입혀주시고
안아주시고
귀한 음식을
입에 넣어 주셨는데

당신 손은
힘이 모자라서
죽 한 그릇을 못 비우시고
턱받이가 밥알을
하나씩 세고 있었다

내게 주신 사랑에
보답은커녕
내 자식의 안일함만
챙기고 있는 내가
한심해서
쥐구멍으로 숨고 싶었다

아버지 생신

아버지 생신일
가족이 모두
동참한 자리에
막냇동생이 빠졌다

애기는 안 오냐?

팔십 노인에게는
아직도 막내가 여전히
어린 아기로
보이시나 보다

자식이 보기엔
백발 노인이
언제 무너질지 모르는
거대한 태산인데…

나의 기도문

자신을 다스릴 수 있는
용기와 지혜를 나에게 주소서…

미움도 사랑으로 융화될 수 있고
관용으로 승화시킬 수 있는
능력을 나에게 주소서…

옳고 그름을 잘 분별할 수 있는
혜안을 주시고
어둠 속에서도 거짓을 이길 수 있는
진실의 빛을 비춰 주소서…

실타래처럼 얽힌 인연 속에
어쩌다 생채기를 주었더라도
용서와 이해로 치유할 수 있는
자비로움과 힘을 내어 주소서…

나의 어리석음으로 방황의 수렁에
빠져 있더라도 헤어 나올 수 있는
신념과 삶의 지표를 내게 주소서…

짝사랑

봄이 옷을 바꿔 입은
이른 초여름
초록 이파리 베고
누워있는 너의 등장에
옛 추억이
모락모락 연기처럼 피어오른다.

달빛 등에 걸고
서성이던 너의 집 앞
삐뚤삐뚤
손뜨개질한 목도리로
선물하고 싶었던 내 마음
밤새워 고민하고 썼던
쪽지 편지

사춘기 소녀의
핑크빛 사랑은
사색의 뜨락에 가득한데

억겁의 시간이 흐르고서야
고백한다.

사랑해…

음악이 있는 공간

상념 속으로
조금씩
흘러들어 오는
뮤직이 있어서
하루도 감사로 연다

멜로디가
감미로워서
순백의
마음이 쫓아오고

갈증 난 영혼에
오아시스를
찾아 주기도 하며

달콤한 음색에
심장이 흔들리어
기쁨의 파장을
물비늘로 그리기도 한다

살아 있음으로
누리는 이 행복
사랑하는 그대와
함께라서 더없이 좋다

가슴이 기억하는 그대

하늘 아래 당신이 없다면
슬픔의 도가니에서
내가 빠져나오지 못한다는 걸
당신은 생각해 보셨을까요

외롭고 지칠 때 눈물이 강물을 이루어도
당신이 계시다는 것,
그래서 위안이 된다는 걸
당신은 알고 계실까요

겨울날 햇살이 만져주는
따스함처럼
내 삶 깊숙이 채우고 채워놓은
당신의 사랑이
허기진 마음을 일으켜 세우고
용기를 얻어 가는 걸
당신은 모르셔도 괜찮습니다

내 가슴이 기억하면 되니까요…

세월이 당신의 얼굴에 줄을 그어
골이 지게 만들어 놓았어도
내 눈에는 여전히 당신이 아름답습니다

오늘 김이 모락모락 나는 호빵을 사 들고
앙꼬처럼 달달하고 따뜻한
당신 품을 향해 안기려 달려갑니다

사랑합니다 어머니…

나만의 사랑법

아무나
사랑을 줄 수 없지만
누구나
사랑받을 자격은 있습니다

사랑은 맑고 순수함
그 자체가
우선시되어야 하고
조건과 계산이 없어야 합니다

집착으로
묶어 놓은 사랑보다
상대의 마음이
물 흐르도록 해야 합니다

지나친 관심이
때로는 부담이 되어
마음이 도망을
가게 된다는 것을 인지하고

꽃을 바라보듯
아껴주고 지켜주어
천천히 인내로 견뎌내야 합니다

그대와 내가
서로의 욕심과 이기로
가득 채워 놓지만 않는다면
사랑의 유효기간 따위는
결코 없을 것입니다

2부
바램의 향기
▼

공원에서 만난 꽃 / 목표 / 된장국 /
거리의 은행나무 / 마지막 인사 / 역사는 살아 있다
울 엄마 노래 / 연꽃 / 홍콩야자
한강 / 그대여 / 유방암 진단 후
감사의 조건 / 시절 인연 / 어버이날
치과병원에서 / 내 일터 / 금강 수목원에서
국수 / 네 글자 / 수련
아버지 / 노을 속에 피어나는 꿈 / 세월
그대가 있는 세상 / 정월대보름 / 이런 삶
나에겐 네가 / 코로나 19 / 코로나 때문에

공원에서 만난 꽃

무섭게 퍼붓던
장대비가 그치더니
살며시 고개를 드는 널
공원에서 만났다

예뻐서 눈길이 가고
앙증맞고
사랑스러움에 반해
핸드폰에 저장을 한다

너는 너의 자리에서
나는 나의 자리에서
삶의 본분을
역행하지 말고
오늘을 곱게 피워나가는
우리가 되자꾸나

목표

무엇인가를 위해
계획하고
설계하여
그것을 종이 위에
만약 끄적였다면

당신은
벌써
절반은 이루어졌음을
믿고 실행하라

그리하면
하늘도
하고자 했던 그대에게
반드시 기회를 준다

난
내 생각이
옳다고 확신한다

된장국

멸치가
헤엄을 치는
뚝배기에
된장 한 큰술을 넣고

호박 고추 조개
두부 대파가
사우나를 하려고
도마 위에 대기 중이다

보글보글
맛있는 소리가
안방까지
졸졸 따라오면

바다에서 올라온
조개들도
앙다문 입 쩍 벌리면서
하품을 한다

행복이 솔솔솔
한아름 안겨와
우리 가족은
웃음꽃이 피어난다

거리의 은행나무

거리에 노랗게
노을을 머금은 은행이
아스팔트 위로
하나 둘 뛰어내린다

예전 같으면
어느 노구의 손에
귀한 대접을 받으며
술안주로
또는 건강식품으로
집안을 향해 들어갔을 텐데
고약한 냄새로
천대를 받고 있다

내 인생의 가을도
쓸모없는 낙과같이
바닥에 공처럼
굴러다니는 건 아닐까

거리의 은행나무가
삶의 교과서처럼
나를 넘겨보게 한다

마지막 인사

길가에 나무가
옷을 벗어
민망한지
수줍게 서 있다

웃고만 있기엔
턱까지 다가온
겨울에게 미안한지

바람이 만져주는
마음을 안고
가을에게
마지막 인사를 한다

낙조를 걸친
갈대가
손 흔들며
울음 섞인 목소리

그대를 만나서 참 행복했습니다

올가을은
이렇게
내 책갈피 속에
못 보낸
그리움이 꽂혀있다

역사는 살아 있다

햇살 비추이는 들녘에
바람의 이야기가
귓가에 들려오는 것 같다

이 땅의 민들레가 짓밟히고
총칼을 휘두르던
왜구들의 잔인한 만행을
우리는 어찌 잊을 수 있으랴

빼앗긴 나라를 되찾기 위해
선조들은 살이 찢기는 고통을
감내하시며, 아주 힘겹게
우리 조국을 되찾을 수 있었다

보라 눈부신 저 푸른 하늘을
보라 저 대지를 비추는 태양을
우리가 자연으로 돌아갈 때까지
이 나라를 훼손시키지 말고
후대에게 잘 대물림을 해주어야 한다

울 엄마 노래

조락한
낙엽 몇 잎
가을과
맞선 볼 때 즈음

울 어머니가
읊조리시던
애창곡이
바람결에 들려온다

켜켜이 쌓인
가난과 설움
밤마다 메밀꽃에
내려놓았던 흐느낌

오늘따라
당신 생각에
그리움이
심장 가득 파고듭니다

연꽃

진흙 속에서
탄생의
신비를 담아

싹을 틔우며
파릇한
기둥을 세웠다

하늘 향해
소망 가득 담은
꽃송이가

나를 만나고 싶어
연못으로
찾아왔다며
고운 사연 토해낸다

너의 자태에
내 마음도 어느새
사랑 가득 피어난다

홍콩야자

누군가 이사 가면서
아파트 화단에
버려진 홍콩야자나무

나무가 늙어서일까
이틀이 지났어도
시들한 나무를
아무도 거들떠 안 본다

죽어도 할 수 없고
살면 다행이고
빈 화분에 옮겨 심었는데

6년 만에
연둣빛 꽃망울이
금방이라도 터트릴 기세다

"그래 이것이구나"

삶도 정성으로 가꾸면
반드시 좋은 일이 생길 거야
나는 희망을 만났다

한강

도심 속 한복판에
도도히 누워 있는
강물을 쳐다보면서
젊은 날에
추억 하나를 꺼내 본다

가슴속에 담아 두었던
꿈과 희망은
여의치 않은 현실로
나를 물질의 세상으로
몰아넣어 버렸다

힘들고
외로울 때마다
눈물을 내려놓았던 강은
나에게 동무였고
숨을 쉴 수 있는 탈출구였다

십수 년이 흐른
중년이 되어 찾아왔는데
너는 여전히
말없이 보듬어 주며
삶은 나처럼
그저 흐르는 것이라
침묵으로 화답을 하는구나

그대여

그대여 살다 보면
가끔은 실수할 수 있으니
너무 자책하지 말아요

당신이란 꽃이 있기에
향기가 뿜어져
벌과 나비도 모으고
아름다운 그림이 됩니다

그대여 가도 가도
끝없는 인생길에서
힘에 겨워 지치면
잠시 잠깐 쉬어 가세요

쓸모없다 생각했던 바위도
흐르는 계곡물과 만났더니
멋진 폭포가 된 게 보일 거예요

그대여 들판을 보세요
돌 나무 꽃 잡초가 있기에
동식물이 조화를 이루며
자연과 함께 살아갑니다

지금 우리도
지구라는 숲속에서
저마다의 꿈을 심으며
소망 하나씩 키워가고 있음을
꼭 기억하며 살아가기로 해요

유방암 진단 후

어느 날
느닷없이 불쑥
나에게 찾아온 암 때문에

자고 나면
악몽 같은 하루가
시작이 됩니다

믿기지 않는 현실에
두려움이 밀려와
나를 겁박하고 짓누르고

변덕스러운
감정의 기복 때문에
숨이 막혀 옵니다

점점 다가오는
거대한 저 큰 산을
나 어찌하면
덜 고통스럽게 넘을까요

걷다가 또 뛰다가
지쳐서 포기하게 될
나를 만나는 건 아닌지
겁부터 나는 날 봅니다

그 길목에서
내 손 꼭 잡아줄 그대가
기다리고 있다는 것을
나 믿고 싶습니다

나, 기다려 주실 거지요?

당신은
나를 비춰주는
유일한
희망의 촛불입니다

감사의 조건

기분 나쁜 꿈을 꾸었는데
오늘 아무런 사고 없이
잘 보낼 수 있어서 감사합니다

힘든 암과 사투를 벌이다가
이팝나무 꽃을 다시는
볼 수 없다고 생각했는데
이렇게 볼 수 있어서 또 감사합니다

잠들기 전 이렇게 하루를
글로 반성하면서 더 나은 내일을 향해
꿈꿀 수 있어 너무나 감사합니다

시절 인연

죽어라 하고 밀어내어도
좋다고 찾아오는 그대

잘 지내고자 애써 공을 들여도
무심히 떠나가는 이도 있더라

그래서 언제부터인가
밀어내지도 붙잡지도 않는다

나무가 가을에 벗어 놓은 옷
봄이면 다시 입고 찾아오듯이

추억을 공유한 시절 인연에
그저 감사했노라 기억한다

지금도 어떤 인연이 소리 없이
다가올지 삶은 의문투성이다

어버이날

해마다 돌아오는 어버이날
올해는 유난히 당신께
죄스런 생각이 드는 건
무슨 까닭일까요

당신이 주신 신체발부
지난해 잘 돌보지 않아서
다시는 못 뵐까 봐
죄스러움으로 가득했습니다

무얼 바라기나 하셨나요
오매불망 얼굴 한 번 보는 게
기쁨이고, 전화 한 통이면
내내 행복해하셨지요

삶에 어쩌다 쫓기다 보니
그것을 잘 알고 있으면서
가장 쉬웠던 게 지금은
가장 어려운 일이 돼버렸어요

우리들의 생의 마지막
순서를 가리지 않는다지만
하나밖에 없는 딸의 소원은
당신의 꽃 같은 미소를
부디 오랫동안 보고 싶습니다

치과병원에서

치이익 치이익
흡입하는 바람 소리
나지막이 의사의
대화 속에서 환자는
말 잘 듣는 초딩이 된다

잔잔히 흐르는
음악소리에
차례를 기다리며
심장이 두근두근
방망이질을 하고

치과병원은
어른이나 아이를
구분하지 않는
두려움의 공간이다

오복 중의 하나가
치아라고 했던가
때늦은 후회는
깨달음 한 개를 가르친다

내 일터

퇴근길에 이번 주면
완공이 될 우리 건물을
처음으로 들어가 보았다

큰 평수는 아니지만
측량을 하고 설계사를 불러
설계 도면대로 업자들과

몇 날 며칠을 땀 흘리고 지은 탓에
우리 남편은 앞으로 두 번 다시
못 지을 것 같다고 한다

두 칸의 아담한 화장실
높은 천정, 예쁜 조명과 사무실이
새로 맞이할 주인을 기다리고 있다

머지않아 이곳으로
우리 일터가 옮겨져 손님을 부르고
차를 대접하며, 지게차 소리로
용문동 일대가 시끄러울 테지

금강 수목원에서

유리창을 말끔히 닦아놓은 듯한
맑고 푸른 하늘을 머리에 이고
만개한 하얀 이팝나무

바람에 하얀 꽃비가 쏟아지자
우와~ 하고 감탄사가 저절로 나오게 하는
세종시에 자리한 금강 수목원에서

고만고만한 친구 세 명이
오월에 중순을 넘긴 기로에서
일상을 잠시 탈출했다

다니는 길목마다 작약과
붓꽃, 창포, 찔레, 붉은 아카시아가
살포시 눈길을 끌었고

수목원을 찾은 사람들은
맨발로 황토가 깔린
메타세쿼이아 길을 걷기도 한다

수련 잎을 둥실둥실 띄워놓은
아기자기한 연못과 벤치
푸른 잔디와 잘 정돈된 소나무

초록이 뒤덮인 숲속은
삶에 찌든 나를 위로하듯
자연과 하나 되어 도취되고

군데군데 핀 갖가지 장미가
여왕의 계절임을 아름다움으로
도도하게 과시하며 웃고 있다

음~ 좋다
더도 말고 지금만 같아라
마음으로 주문을 외우며
돈도 싫고 사랑도 명예도 귀찮아라

오늘 하루는 오롯이
나의 벗들과 하나가 되어
시간이 멈추어 버렸으면 좋겠다

국수

기차를 타기 전
허기진 나를
달래기 위해
역전 국숫집을 찾아갔다

잘 우려낸
육수에
색색 고명 액세서리로
한껏 멋을 부린 너

젓가락이 먼저
달려와 인사를 하고
안부를 묻는다

국물까지
모두 비우고 나니
기분까지 좋아져서
어느새
행복만 한 그릇 남았다

네 글자

생각해 보았어
네가 나에게 던진
수많은 언어들을

사랑한다
라는
달콤한 말보다

보고 싶다
라는 네 글자가
아직도 날 더 떨리게 해

수련

속리산 가는 길
엄마 품처럼 포근한
대장암을 그리며
연못가에 피어난
곱디고운
수련을 만났다

햇살에 눈이 부신 듯
초록우산을 쓰고서
수줍게 미소 띤
그대의 자태는
오고 가는 행인들의
안구를 씻어주기에
아주 충분했다

평범한 대지를 거부하고
진흙 속에서 솟아올라
한 떨기 아름다움으로
온화한 부처님의
미소를 닮은 그대는

내 마음에
평온한 한낮의 쉼터였다

아버지

세월이 내려앉은
주름진 얼굴
당신에게는 절대로
오지 않을 줄 알았습니다

하얗게 백발을 날리는
그런 모습으로
올 것이라고 단 한 번도
생각해 보지 못했습니다

별이 떠있는 술잔을
너무나 사랑하셨던 당신
그 잔 속에는
당신의 주먹 같은 눈물과
한숨이 출렁대고 있었음을
부모가 되고서야 알았습니다

존귀하신 나의 아버지
지금은 당신이

나에게 가장 아픈
새끼손가락입니다
아프지 말고
건강하셔야 해요

아버지 사랑합니다

노을 속에 피어나는 꿈

서쪽 하늘에 걸린
저녁노을을 따라가다 보면
상념 속 언저리에
꿈틀거리는 너를 만난다

수많은 간절함이
모이고 모여서 생겨난
소망의 싹들이
나무 자라듯 커져만 간다

그리고 지금 이 순간
종이 위에 적어 놓은 기적이
꿈으로 나에게 안겨와
윙크하리라 믿는다

세월

들녘에
하얀 나비를 쫓아
겨우겨우 앵글에
담아 놓았다

아슬아슬
기다려 주지 않고
너를 쫓은 시간들

너 또한
나와 숨바꼭질하듯
쉬지 않고
쫓아오고 있었구나

그대가 있는 세상

언제부터였을까요
함께 먹고
웃으며
마주 보고
같이 소통하고
호흡하는 장소가
의미가 부여되었던 게…

멀리 있어도
가까이 있어도
흐리고 맑아도
무지개처럼
달콤하고 아름다운 세상
그대가 있기에
숨을 쉬며 살아갑니다

정월대보름

앞산에 걸린 쟁반달
개울물에 말갛게 세수하면
울 동생 손이 바빠진다

빈 깡통 잘못한 것도 없는데
옆구리마다 사정없이
못 자국이 송송 생겨나고

추수 끝낸 둑과 논바닥은
잡귀 몰아내는 아이들로
도깨비불이 날아다닌다

올여름은 더위 먹지 말아라
오곡밥에 나물 부럼 깨서
입에 넣어주시던 할머니 따라
나도 달 보고 소원 하나 빌었지

이런 삶

네가 하기 싫은 일
타인에게 시키지 마라
말을 하지 않을 뿐
그도 너와 같은 생각일 것이다

네가 들어서 기분 나쁜 말
다른 사람에게도 하지 마라
말 못 하는 강아지도 알아 듣고
옹알이하는 아기도 알아듣는다

공짜 좋아하지 마라
한 번 두 번 먹다 보면
언젠가 너를 찾아왔던 그도
멀리할 날 분명히 돌아올 것이다

받았으면
같은 방법이 아닐지라도
선행으로 누군가에게 대갚음해서

사람도 향수가 날 수도 있구나
기억 하나 심어주면 좋겠다

나에겐 네가

예쁜 구두를 신었을 때보다
발에 맞춘 듯 꼭 맞는
편안한 운동화가
더 좋을 때가 있다

하늘하늘한 원피스에
창이 넓은 꽃 모자를 썼을 때보다
물 빠진 청바지에 야구모자가
훨씬 편안할 때가 있다

분위기 좋은 음식점에
랍스터를 먹었을 때보다도
들깨가루 숭숭
파무침 한 숟가락을 넣은
순대국밥이 더 맛있을 때가 있다

사람 냄새가 나는
네가 그렇다
함께 먹고 함께 가고

함께했던 모든 곳들이
나에겐 네가 특별했으니까

코로나 19

더위도 추위도
장소도 나라도
계절 또한 가리지 않는다

남녀노소
호시탐탐 기회를 보다가
감염을 시키는 너

너를 영원히
종식시킬 수 있는 건
오로지 백신

나는 반드시 믿는다
코로나 19 너보다
인간의 힘이 더 강하다는 걸

코로나 때문에

하늘은 높고 푸르며
햇살에 감은 빨갛게 색칠하는
바람도 한가로운 날

인적 없는 동춘당 벤치는
그리운 이 앉혀 놓고
가슴 한구석을 흔듭니다

올 추석은 오지 말고
너희 식구들과 오붓하게 보내라
노부의 말씀

맏자식 속내는 좋으면서도
도리를 못 하는 것 같아
내내 편치 않은 중추절입니다

3부
인생의 꽃을 피우다
▼

소엽 풍란 / 사람 / 오래된 선풍기

너 / 아이에게 일러주는 글 / 단풍나무

어쩌지 / 기도 / 졸업사진을 보며

커피를 마시는 이유 / 내가 만난 그녀는 / 엄마의 빈자리

봄까치꽃 / 버스정류장에서 / 영원한 건 없다

네잎클로버 / 엄마의 말씀 / 조각난 인연

만인산 자연휴양림 / 친구들을 그리며 / 다짐

삶에 있어서 / 대전 추모공원 / 돌아보니

세월 / 예쁜 우리 며느리 / 회상

새집에서 본 유등천 / 연꽃을 보다가 / 우수(雨水)

희망의 메시지

소엽 풍란

흙도 없습니다
고목에 뿌리를
조심스럽게 뻗으며
초록 옷 한 벌 입고
주는 물만 얻어 마시죠

투정 한 번도 없습니다
햇살과 가로등 보고
별 달빛 이불 삼아
7월이면 진통 끝에
순백의 꽃을 피웁니다

그대가 경이롭습니다
사계절을 돌려
봄도 아닌 여름 중간에
꽃으로 피어나
향기로 베란다를 채우네요

사람

지구가
품고 있는 사람
잘났어도 못났어도 괜찮다

사람 위 사람 아래
편견 하나 부수면 된다

사람보다 소중한 건
세상 어디에도 없다

오래된 선풍기

테이프에 목이 감긴 너의 모습
바람은 아직까지 머물러 있고
버려지지 않아서 다행이다

테잎에 감긴 만큼 너도
열심히 세월을 돌렸구나

부러지고 얼룩진 모습이지만
지친 마음까지 부채질해준 고마운 너
아직도 사랑받기에 충분하다는 걸
나 지금도 말하고 있어

너

늘 단정한 모습과
내성적이면서
매너가 무엇인지
가르쳐 주는 너

섬세하면서
서툰 표현까지도
아주 기분 좋게 만들지

너를 보면
존중받는 느낌이
바로 이런 것이구나
그래서 더 겸손해야겠다
예의도 배우게 돼

감사해
그리고 고마워
나에게 너는
영원히 멘토야

아이에게 일러주는 글

아이야
생과 사는 말이야
태어날 때부터
이미 정해져 있단다

아직 오지도 않은
내일 때문에 너무
근심 걱정할 필요는 없어

누구에게나 똑같이
배정받은 오늘을
좋아하는 것 하면서
좋은 사람들과 즐겁게 살아가렴

그렇게 살다 보면
꿈이 무엇인지
행복이 무엇인지
살아갈 이유와 목표가 분명하지

나는 그랬어
좋아하는 그림과
시를 좇아오다 보니
어느 날 사람들이
화백님 시인님이라고
부르고 있더구나

난 너의 꿈을 응원해
너는 아직 청춘이니
시작은 작고 미약하여도
끝은 창대하리라 굳게 믿는단다

단풍나무

길을 걷다가
하늘에 걸려 있는
나무에게 속삭였다

나무야
너는 나보다
키가 커서 참 좋겠다

나무는
꼼짝도 하지 않는다

나는 다시
나무에게 말을 걸었다
나무야
나는 네가 참 좋아

그러자
나무가 얼굴을 붉히며
바람에 춤을 춘다

나무도 사랑받는 게 좋은가 보다

어쩌지

어쩌지
주는 것 없이
싫은 사람이 있더라

어쩌지
뭘 해도 눈에
가시 같은 사람이 있더라

어쩌지
생김새는 이쁜데
하는 짓마다
밉상인 사람이 있더라

어쩌지
그럴 때에는
두 눈을 꼭 감아봐요

한 번뿐인 내 인생을
영양가 없는 사람 때문에
이제부터 허비하지 말아요

기도

지금 나에게 불어오는
무서운 이 바람을
피할 수 없다면
먼 훗날
아무것도 아니었다고
말할 수 있도록
당당히 맞서게 하소서

어떠한 까닭으로
무슨 이유가 붙어서
부여되어 왔는지
지금은 수수께끼로
가득한 내 안이지만
감당할 수 있을 만큼만
번뇌와 고통을 주소서

작은 어깨에 걸려있는
이 빛과 어둠이
무엇을 말함인지 해답을
꼭 찾게 하시어

세상에 왔다간 흔적을
반드시 알게 하소서

졸업사진을 보며

한참을 아주 한참을
눈을 떼지 못하고 사진을 쳐다본다

여고 졸업식날 남매 같은 모습으로
추억이 담긴 한 장면

작은 키에 구릿빛 얼굴
웃을 때 하얀 이가 귀여웠던 친구였지

내 나이 오십 중반을 넘겼어도
마음은 스무 살 언저리를 걷고 있네

너와 나 서로 다른 길을 걷고 있지만
목적지는 하나 행복을 향해 있을 테지

나 그래도 잘 살았네
내 이름 석 자 잊히지 않아서…

종교는 없지만 기도할게
네가 누구보다 평안하길 행복하길

커피를 마시는 이유

나
혼자 있었어

그래서
커피를 탔지

커피잔 속에서
네가 웃고 있는 것 있지

그러니 오늘
또 마실 수밖에…

내가 만난 그녀는

한꽃, 성산(成山) 윤인자
그녀는 캘리그래피 선생님이시다
안구가 좋지 않아서
화장을 못 하시고
예의를 갖춰야 할 적엔
바른 듯 안 바른 듯 립스틱만 바르신다

언어 구사력이 뛰어나지 않아도
정갈한 옷매무새와
밝은 미소가 정감이 묻어나고
수업을 하실 때는
정성껏 세심하게 한 분씩
지도를 잘 해주신다

선생님의 신조는
한 그룹에 회원이
단 한 사람만 남아 있을지라도
폐강이 되기까지 가르치신다고 한다
물질과 영리를 추구하지 않고

예술을 사랑하는 진실한 사람
욕심이 없는 그녀의 신념을 존경한다

처음엔 수강료가 싸서
한밭 예술 문화교육원에 찾아갔는데
서예, 문인화, 캘리그래피까지
완벽한 조건을 모두 갖추신 분
그녀의 열정에 감탄했고
그녀의 제자로 공부할 수 있다는 게
너무나 행운이다

너무도 부족한 내가
작은 도움이라도 된다면
무엇이든 최선을 다해 도와드리고 싶다
삶은 어차피 독불장군처럼
혼자서 살아갈 수 없기에
훗날 고운 비단실처럼
풀어보고 회상하고 싶은 마음이다

엄마의 빈자리

당신이 생각났습니다

자식 온다고 챙겨주시던
들기름, 고구마, 감자, 된장, 쌀
심지어 당신 마음까지
모두 내 것인 양 받기만 했습니다

왜 몰랐을까요
당신이 주신 끝없는 그 사랑을…

당신이 떠나고 없는 봄은
그리움이 산을 넘어
한겨울에 서 있는 것처럼 시립니다

봄까치꽃

비 온 뒤
유등천을 걸었어

그런데 누가 날
자꾸만 쳐다보는 거야

자세히 보니
봄까치가
씨익 웃고 있는 것 있지

너는 나를 보고
나는 너를 보고
서로가 꽃이라네

버스정류장에서

찜통더위에
나무 그늘을 찾지만
더운 여름을 피할 수는 없다
누가 이렇게 찜질방을 만들었나

파란 하늘은 시치미를 떼고
뭉게구름을 예쁘게 띄워 놓았는데
등줄기에서는 굵은 액체가 쉴 새 없이
옷의 면적을 점점 넓힌다

이런 날 퇴근은 뒤로 미루고
분위기 좋은 카페에서
시간 가는 줄 모르게
마음 통하는 벗과 만나
이야기 보따리 풀어놓고 싶다

술 취한 듯 붉은 볼
몇 분 남지 않은 버스를 기다리며
오늘따라 시간이 참 길게 느껴졌다

영원한 건 없다

지금 내가 만난 사람이
영원할 것 같지만
언젠가는 반드시 헤어진다

가족이 그랬고
친구가 그랬고
좋아했던 사람도 그랬다

세상에 영원한 건 없다
그저 마음 한 조각 나누며
구름 흘러가듯 순리대로 살아가리

네잎클로버

그대는
나를 보고
토끼풀이라
말을 하고

그리고
네잎클로버
라고도 말합니다

나는 이렇게
이름을 붙여 준
그대를 만난 게
행운이라고 말하지요

엄마의 말씀

엄마가 그랬습니다
참지만 말고 속마음도
가끔은 털어놓아야 한다
그래야 속병이 생기지 않는단다

엄마가 그랬습니다
여자는 늙어도 가꾸어야 한다
꽃도 예뻐야
나비와 벌이 모여든단다

엄마가 그랬습니다
남보다 한 가지는 잘해야 한다
그래야 자신감 있는 너를
남들도 우러러본다

엄마가 그랬습니다
너는 세상에서 가장 소중한 사람이다
너를 사랑하는 삶이
진정한 행복의 길이라고…

조각난 인연

조각조각
하늘에 떠 있는 것

그것은
추억과 그리움이 낳은 산물

파도를 타듯
세월에 자꾸 떠밀리네

산자락 끼고 줍던
너와 나의 달콤한 대화

바람이 스치우면
꽃처럼 진다는 걸 알았네

만인산 자연휴양림

대전 동구 산내 끝자락
구도로를 따라가다 보면
만인산 자연휴양림이 있다

다른 휴양림에 비해
규모가 그다지 크지는 않지만
호떡과 오뎅, 구운 가래떡이
줄을 서서 기다릴 만큼
맛도 아주 정일품이다

하늘 높이 치솟은 분수가
포말과 어우러져 멋드러지고
산책로를 통하는 긴다리가
소나무와 단풍이 장관이며,
산새뷰를 자랑하듯 곡선이 예쁜 곳

이렇게 도심을 떠나
가을과 대화하며 산책하고
커피잔 속에 시 한 소절 넣어
낭만을 노래하는 가을이 좋다

친구들을 그리며

개울물에
달님이 맑게 세수를 하고
밤마다 왔던 시골집 마당

그 아래에서
아이들은 하나 둘
꿈을 찾아 점점 사라졌지

꼬불꼬불한 신작로를
달리던 시골버스
골목의 민들레는
올해도 곱게 피었는데
그대들은 만날 수 없었네

아 그리워라

지금은 돌아갈 수 없지만
추억의 보따리는 풀 수 있겠지

기다릴게 4월 14일 일요일
우리 한바탕 크게 웃어보자

다짐

똑같은 말
두 번씩 하지 말아야지

좋은 말도
자꾸 들으면 싫증 나고

나쁜 말을 반복해도
기분 유쾌하지 않았네

살다보면
좋은 말만 할 수 없겠지만

새로운 단어로
신선함을 입으로 배설해야지

노인들이 똑같은 말을
왜 자주 하는지

내가 나이 먹어보니
이제서야 알겠네

노화 쇠퇴라는 단어가
젊음을 부식시키는 것을

머리를 회전시키는 일
독서가 답이요
젊음을 유지하는 거였네

삶에 있어서

젊다 하여
오래 사는 것도 아니고

늙었다 하여
금방 죽는 것도 아니더이다

저마다 생과 사는
본인의 팔자요 순서도 없고

그러니 아등바등하지 말고
웃으며 즐겁게 오늘을 삽시다

때가 되면은 누구나 떠나니
베풂과 나눔으로 마음 가볍게 합시다

인생 한번 가면 끝이더이다
이왕이면 좋은 님과 만나

기분 좋게 술 한 잔 기울이며
맛난 인생 멋지게 그리 살아 봅시다

대전 추모공원

남들은 연휴 마지막을
어버이날 기념으로 추모공원에
카네이션을 사들고 찾아왔다

그러나 어버이날 하루 전에
하늘의 별이 되신 우리 엄마는
아카시아 냄새가 코를 후비고
빨간 장미가 울타리에 불을 켜준대도
작년 올해도 비만 뿌려 주신다

제례실에 정성껏 준비한 음식을
드시지도 못하는데 한상 가득 차려놓고
아버지가 시키는 대로 술을 따르고
3남매는 인사를 드린다
마지막으로 봉안당 자두실로 올라가
11986번이 적힌 엄마를 만났다

손에 닿지도 못하는 유골함 유리창을
연신 쓰다듬으며 말을 하시는 아버지

어느 날 엄마처럼 홀연히 가시겠지만
사랑하는 마음까지
시간은 빼앗지는 못했다

돌아보니

난 지금
무엇으로 왜 사는가
내 정체성을 고민해 보았다

나 자신보다도
타인의 마음을 먼저 챙기고
착한 사람 이미지로 살으려
나 자신은 정작 못 챙기고 살았다

이제는 바꾸려 한다
맛있는 음식도 내가 먼저이고
좋은 옷도 입혀 주고 싶고
예쁜 신발을 신고 멋진 곳에 가고
그래야 내가 행복해진다는 걸 알았다

인생 길지 않다
남이 아닌
내 인생을 잘 살아가는 게 맞다

행복을 먼 데서만
다른 사람한테서 찾으려 했다는 게
어리석었다는 걸 이제는 잘 안다

세월

있잖아요
부탁이 있어요
허락도 없이
날 따라오지 마세요

내가 가진
유년도 청춘도
모두 빼앗아 가시더니

이제는
내 젊음마저
몽땅 내놓으시라니
욕심이 과한 것 아니신가요

그대가
나를 얼마나
좋아하는지 잘 알지만
그런 당신을 거부할 수도 없고

내가 당신을
사랑할 수 있게
아주 천천히 와 주세요

예쁜 우리 며느리

내가 낳은 딸은 아니지만
신께 밤마다 눈 감고
기도하고 또 기도했습니다

세상에 모든 신이시여
올해 치르는 공무원 시험을
꼭 합격하게 신께서 도와 주소서

그 기도가 신께 전해졌을까요?
2024년 7월 19일 오전
의료기술9급(치과위생)공무원 시험에
며느리가 당당하게 합격을 했습니다

점심을 먹지 않아도 배불렀고
대견하고 자랑스럽기까지 했습니다
나의 며느리라는 게
참 고맙게 느껴지는 여름 한복판

아들 부부에게 늘 건강과 평안을 빌며
웃는 일이 자주 찾아왔음 좋을 것 같고
마지막으로 우리 며느리 고생 많았다
그리 칭찬해 주고 싶은 그런 날입니다

회상

공연히 슬퍼하지 마
사랑했으니
눈물도 나는 거야

잊으려고 애쓰지 마
시간이란 약을 발라야
효험도 얻는 거야

내가 두려운 건
너와의 추억이
나날이 지워지는 것이야

새집에서 본 유등천

탁 트인 너른 공간
새 가구와 집기들이
차례로 자리를 차지한 게
아직은 낯섭니다

나를 봐달라 손짓하는
유등천엔 나무가 출렁이고
오리 떼와 왜가리가 물속에 코를 박아
한가로이 식사를 하는 아침

그 광경이 우습다
산책길 갈대들이 까치발을 들고
계절 잃은 금계국이 춤을 추니
내 마음 동심으로 묶어 놓네요

내 생전에 누리는 이 호사
새집으로 이사를 온 덕분이고
센스가 넘치는 남편 덕분에
마치 꿈속을 거니는 것 같습니다

연꽃을 보다가

자리를 잘 차지한 벽
문인화 액자가
시선을 멈추게 했다

잎사귀 사이로
볼그스레한 꽃봉오리가
수줍게 화선지 속에서
존재감을 드러낸다

무더운 여름날
그대보다
그 어떠한 꽃이
더 화려하고
요염하게 피어날까

내 인생도
그대의 모습처럼
화려하지는 않아도
고운 사람으로
오래 기억했으면…

우수(雨水)

겨울 추위에
꽁꽁 언 고드름이
빗방울에 눈물을 떨군다

겨울은 가기 싫다
고집을 피우고
봄은 저만치서 자꾸 밀어내네

희망의 메시지

눈부시게 시린 하늘이
꿀꿀한 나에게
자꾸만 말을 한다

속상해하지 마라
그렇다고
좋아도 하지 마라

인생이란 파도가
슬픔도 기쁨도
차례로 데려오는 것

오늘 꽃이 피어
내일 진다 해도
희망은 또 돋아난다 한다

다선 추천도서

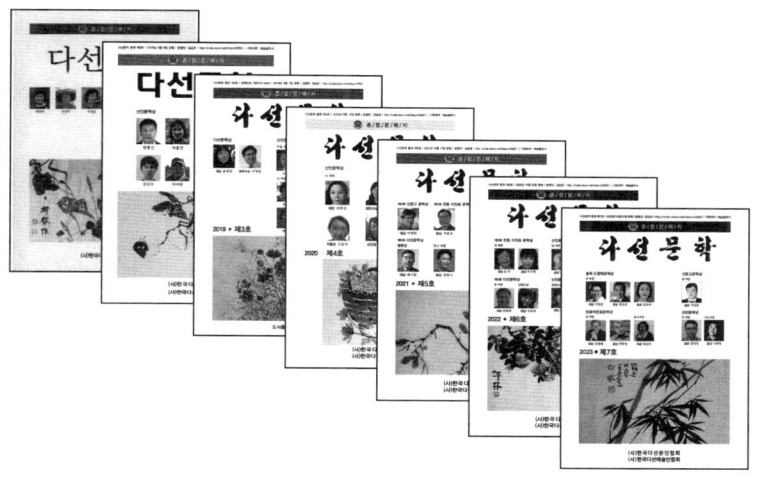

종합문예지 다선문학

(사)한국다선문인협회, (사)한국다선예술인협회 | 발행인 김승호

「다선문학」은 (사)한국다선문인협회의 종합문예지이다. '한국다선문인협회'는 인문학의 발전과 문학의 저변 확대로 한국 문단 부흥의 초석이 되고자 하는 목표를 가진 단체로, 신인작가 양성과 입문의 역할을 담당하는 동시에 기성 문인들의 복지를 향상하고 지위를 공고히 하는 데도 힘쓰고 있다. 「다선문학」에서는 다선문인협회 작가회 회원들의 시와 수필 작품들은 물론 다선예술인협회 작가들의 그림·사진 작품 등도 함께 선보이며 다선문학상 당선 작가들의 시, 수필, 평론 등과 초대작가들의 작품들도 만나볼 수 있다.

꽃 시인의 희망, 사랑 이야기

김승호 지음
160면 | 10,000원

시인 입문편 – 마음으로 쓰는 詩 창작

유경근, 김승호 편저
184면 | 13,000원

꽃 시인, 시의 향기를 노래하다

김승호 지음
184면 | 10,000원

너 아니면 나의 이야기

고 호 지음
192면 | 15,000원

꽃 시인, 시의 날개를 달다

김승호 지음
184면 | 13,000원

어머니의 흔적

배애희 지음
200면 | 15,000원

꽃 시인, 詩의 시간을 되돌리다

김승호 지음
200면 | 13,000원

세월 깁던 어머니

배애희 지음
176면 | 15,000원

※ 위 도서는 대형 온라인 서점에서 구매하실 수 있습니다.